Un rato más

Lucía Trinidad Rey Álvarez

Aliarediciones

© Fotografía de la autora: Alba Rubio
© Diseño de cubierta: Milagros Pochat
Corrección: Eladia Guerrero
Maquetación: Aliar Ediciones

Depósito Legal: GR 1129-2024
ISBN: 978-84-10374-48-5

La autora dona todos los ingresos percibidos por esta obra al servicio de comunidades indígenas venezolanas refugiadas en Brasil.

Impreso en España

Edita
ALIAR Ediciones
www.aliarediciones.es
info@aliarediciones.es

Un rato más

Lucía Trinidad Rey Álvarez

Abuela,
te dedico mi vida entera
y «un rato más».

Agradezco mis cimientos

Y no encuentro la mejor manera de dedicar hasta lo que me es más propio,

porque ni siquiera esto es mío
se sumerge en mi sangre, cada impulso como un rayo
yo solo instrumento.

No me queda nada más que agradecer:
A la tormenta eléctrica que me guio hasta la última hoja de aquel primero de muchos cuadernos
de mi vida.

A mi profe, mi maestra, mi camino escrito, Lucila.
A mi impulso original, mi recuerdo de quién soy, mi mamá.
A mi estrella más brillante, todos mis puntos cardinales, mi hermana.
A mi fuente de amor y de luz, mi compañero de todas las vidas, Michael.

Extiendo mi agradecimiento:

A mi familia, que florece y se amplía.
A mi tía y su pragmático arte salvavidas.
A mis amigos, apoyo y alegría, que no saben de distancias.
A Nate, su presencia.
A Gabriel, mi concepción de sabiduría y nobleza.
A Néstor, mis sentimientos hacia vos no caben en palabras.

Mi gratitud y reverencia a todas las formas de la creación.

Prólogo

Me encontré con Lucía en un accidentado intento de montar un taller. Por alguna razón me preguntó si podía darle clases particulares. Nunca lo había hecho y le dije que sí. He aquí mi pequeño aporte a la teoría que sostiene que para ganar hay que arriesgarse. Entre los escombros que quedaron a un costado de la obra abandonada de mi frustrado proyecto, encontré un diamante. Desde su primer escrito pude ver que se diferencia del montón, seguramente por su forma de ver las cosas. Su visión tan particular sobre el mundo y su funcionamiento la haría destacar de cualquier pared de ladrillos, sería el que no encaja por tener un color incapaz de parecerse a los otros y sería el tipo de ladrillo que yo elegiría para construir mi casa.

Lucía tiene todo lo que para mí debe tener una artista: estilo propio, capacidad de llevarte de la risa al llanto en pocos versos, de inyectarte ganas de mirar la vida con lentes inocentes sin una pizca de inocencia, de compartir su percepción de poeta. Leerla me conmueve, me llena de alegría y deseo que siempre escriba un rato más.

Le agradezco permitirme acompañarla en el proceso de escritura de la que espero que sea la primera de muchas publicaciones.

Bienvenidos a esta aventura de abrir una caja de sorpresas tras otra, espero que se sientan tan felices como yo de que Lucía a través de sus poemas nos regale sus ojos.

Felicitaciones por animarte, Lu.

Lucila Negretti

Hace días que vengo mirando a la gente a los ojos,
muy profundo
quizás demasiado profundo, pero no lo puedo evitar
hay cierto magnetismo
en cada cruce, en cada mirada.

Los ojos me llaman, necesitan contarme algo
lo que nadie se atreve a decir
lo que nadie se atreve a ver.

Y yo lo quiero saber todo
quiero saber la vida que hay detrás de todos esos ojos,
de todas esas miradas
parecen mudas, pero no
me están hablando.

En el fondo, nadie se quiere quedar callado
yo tampoco quiero que se callen
todos tenemos algo que contar, pero muy pocos
tienen a alguien que los escuche.

Yo quiero ser esa mirada que escucha
te estoy escuchando
contame, ¿de dónde venís?
¿a dónde vas?
contame lo que quieras
yo me quedo acá, para siempre, todo el tiempo
que dure este cruce.

No sé bien a dónde pertenezco. Creo que, todavía, a Barcelona no.

Es lo único más probablemente cierto que tengo para afirmar en este momento de incertidumbre, en esta marea de dudas.

Quizás dudas solamente aparentes, porque hay un haz de luz que atraviesa el mar y me permite ver que, por debajo de la arena revuelta, el fondo está claro, muy claro.

Tan claro que enceguece más que mirar directo al haz de luz que lo ilumina.

¿Será que la verdad duele? ¿Será que los orígenes duelen?

¿Duele porque ya nada será igual a ese origen un segundo después de que existo?

¿Es acaso el saber que ya nunca podré volver a palpar ese origen lo que se plasma en tanto dolor?

Y ya no duele como la angustia que se percibe al tragar fuerte.

Duele en el pecho, como aquello que ya está asumido, asimilado, aquello a lo que ya el cuerpo no se resiste ni pretende expulsar.

Y yo que siempre he creído que nunca me doy por vencida, me encuentro acá rendida frente a un origen que desde su principio se supo final.

¿Y a dónde volver ahora? ¿A dónde se regresa cuando ya no se es de ningún lugar?

Habito un cuerpo que no sabe a dónde ir y solo sabe que extraña lo que no tiene, siempre.

Soy de mi familia, la que me dio la vida, la que me da vida.

Y nada más.

Y creo que lo distingo por cómo se siente al llegar, como algo imperfecto, como la salvación más esperada de mi existencia; pero, sobre todo, como algo imperfecto, como amar.

Me preguntan por una persona importante en mi vida y sos vos, siempre vos, la primera que se me viene a la mente. Qué orgullo y qué responsabilidad, ¿no? Los que ya sabés que siempre recaen sobre tus espaldas. Los que se sienten tan gratificantemente pesados. Porque estamos preparadas para estas contradicciones desde que nacimos. Todas tejidas a mano con el mismo amor y el mismo dolor. Los llevamos dentro y hacen a nuestra esencia. Nuestra esencia colectiva. Porque creyéndonos muy distintas, somos todas muy iguales. La crianza que supera a la genética. La mentalidad, la forma de ver el mundo y los sentimientos que somos capaces de experimentar y que, en su conjunto, nos definen como la unidad que somos, donde no se sabe dónde termina una y empieza la otra. Un encanto enfermizo. Una identidad. Un camino recorrido y un camino por recorrer, en el que sabemos que a pesar de todo estamos siempre juntas, avanzando de la mano. Vamos siempre hacia adelante porque sabemos que mirar hacia atrás no es una opción. Somos imparables, nadie nos puede detener. De hecho, no sabemos parar. ¿Qué es eso?

No hay pausa. Siempre al frente, en la primera línea. Y si hay disparos, que sean en el pecho. Sabemos que el dolor, a partir de un punto, ya no se siente y se aprende a vivir con él. Se convive, se sobrevive y cuando toca morir... como no puede ser de otra manera, será de pie.

Vos en nosotras

Una decisión

Se puede decir que fue una decisión. Podemos creer que fue una decisión. Pero sería un engaño para mí misma y para el mundo que lo perciba. Porque las decisiones se piensan, se toman desde la mente. Y sí, yo pensé mucho, pensé demasiado, pensé hasta el hartazgo, pensé hasta que hablar del tema se volvió angustiante, pensé hasta que pensar se convirtió en el mayor agobio que llegué a sentir. Porque todos estos pensamientos que rodeaban a esta supuesta decisión aplastaban el sentimiento que estaba en la profundidad. Semanas de ahogo en una guerra disfrazada de juego; en una guerra muy injusta, como todas, pero también un poco más que las demás. Miles de millones de pensamientos contra un solo sentimiento, que cada vez que se escapaba para asomarse sutilmente a la superficie volvía a ser hundido sin piedad. Porque, por desgracia o por desgraciada, la mente no sabe de piedad; pero, por fortuna, los sentimientos no conocen una represión suficiente como para extinguirlos. Y así es como puedo explicar el hecho de estar hoy acá. No me trajo una decisión, me trajo un sentimiento en peligro de extinción.

Acontecimiento fugaz

Confundo aquello que es fugaz porque lo que llega a marcarme perdura en mi memoria y se vuelve un pensamiento recurrente. Entonces lo recuerdo tanto, tantas veces, que puedo imaginar que está ocurriendo todos los días. Lo evoco y lo percibo vívido. Increíble. Porque no se puede creer que sea tan real que se puede sentir. A veces lo llamo queriendo y otras aparece sin querer, pero queriendo al fin. Porque nunca me voy a olvidar de cuando te vi por primera vez. Primero de lejos, a una distancia en la que en ese momento no te podía reconocer, pero ahora sí. A una distancia en la que no te veía y, sin embargo, te sentía. Después, fui alcanzándote. Alcanzando tu energía. Te miré a los ojos y me sentí infinitamente agradecida. Solo quería que mi cuerpo llegara hasta vos. Y, a pesar de todo el doloroso contexto, del desconocimiento y del miedo; el instinto humano fue insuperable. Te abracé. Me abrazaste. Y ya no existió nada más que ese abrazo. Me salvaste la vida. Y me niego a dejar que eso se vuelva fugaz.

Me hiciste subir de golpe y me dejaste arriba, más cerca del cielo que del suelo. Y, sin embargo, no podía terminar de disfrutarlo, de aprovechar para divertirme. En lugar de mirar hacia arriba y ver cómo las nubes estaban más esponjosas al estar cerquita, me fijaba en la tierra rajada y los restos de pasto que intentaban subsistir de forma aislada, entre la fina capa de polvo. Y así fue como me hiciste, me hiciste crecer. Y también me reconociste fuerte, valiente; aunque aterrada por sentir, por experimentar lo que el mundo me proponía y yo no podía rechazar. Te divertía verme paralizada ante la posibilidad tan remotamente tangible de morir en un instante, de una forma delirantemente absurda pero potencialmente real. Como ese instante, como la vida. Sí, como la vida que también te divertía enseñarme para verme crecer. Poniendo toda la fuerza que tu cuerpo te permitía, para que yo estuviera siempre más arriba. Asustada pero feliz, siempre en lo más alto. Con vos, gracias a vos.

Subibaja

Agua

Es verdad que soy agua, pero también soy motivación. No recuerdo ahora los porcentajes habituales, pero sé que los llevo maravillosamente invertidos. Tener un motivo es esencial para mí. Un motivo que me motive. Soy agua que avanza motivada, abriéndose camino entre lo tangible y el abismo. Me uno y me separo de mí misma. Me uno a mi propósito y me separo por un propósito, pero nunca de él. Constantemente tengo un rumbo, cambiante. Sí, una constante que cambia. No se puede racionalizar el irreverente fluir. Nada es regular cuando todo es único. Intento aceptar que lo ideal se retira mar adentro, para que lo real me moje los pies.

Y el tiempo me mueve con la misma pena con la que contempla cómo todavía no sé cómo descomprimir este vacío tan pesado que me llena los pulmones como cañones cargados para una guerra en la que no puedo combatir porque ya no tengo aire.

Repito el ritual regularmente para sentir cómo mi cabeza se desangra desmedida, pero en su justa medida, para seguir latente en esta vida carente de todo, excepto de la suficiente sangre para que ser mortal merezca el devenir de los días, que se acumulan hasta alcanzar la repetición del ritual.

La situación avanza. Los días se suceden. No hay marcha atrás. Tampoco hay vértigo. El ritmo es rápido. Suficiente para disfrutar, de a ratos. Suficiente para pensar, todo el rato. Pero no alcanza para reflexionar. Avanza y no alcanza. A la larga, el tiempo se queda corto. Y lo quiero, lo quiero ver gotear y beber cada gota suspendida en el aire. Y que el suspenso inherente a la reflexión ausente se corte, como mi respiración frente al miedo que me produce el roce de las agujas de algo tan ficticio como estar vivo.

El vacío de tiempo

Lo pienso todos los días de mi vida. Probablemente más de una vez al día, pero no las cuento. Tampoco lo cuento. Pocas personas saben lo que pasó, nadie sabe cómo se sintió. No hay empatía que alcance, tampoco espero que la haya. ¿El dolor se comparte? Yo no puedo ni quiero. Seré egoísta, pero esto es mío. Me quedé sin nada y decidí que esto me pertenezca y retumbe en el vacío. No puedo soltar este dolor. Porque no quiero y nuevamente porque no puedo y además porque no me permito querer ni poder hacerlo. ¿Cómo soltás aquello que te constituye como la persona que sos? ¿Cómo te soltás a vos mismo? Qué frío que está el suelo cuando llega cada impacto.

Estoy acá. Sí, ¿dónde más sino? Pero mi cuerpo me pide estar en otro lado. Y mi mente, mi mente ya se fue. Intento recuperarla cada tanto, con un éxito insípido, transitorio. Soy un impaciente en una sala de espera, circulando frenéticamente para que en la vuelta de un giro se cierre la angustia que le produce aguardar la mejor o la peor noticia, que se lo lleva puesto, sí, a él, sin cambio ni devolución. Soy un trompo que gira inestable, pero suficientemente bien parado como para seguir más de la cuenta, a pesar de estar agotado; sin poder concentrarse en un punto fijo, en una imagen que lo saque de ese vagón que no se detiene y lo traiga a la realidad, que aunque inquieta agita menos que no poder ver nada. Porque, es así, soy el Pac-Man de la ansiedad. Ansío todo, menos este instante. Lo tengo todo y no puedo ver nada.

No sé existir sin un otro que me perciba porque nada es real si no es compartido.

No quiero soltar ni aquello que nunca tuve porque puede que esta mismísima sensación sea lo único real que pueda llegar a tener.

Me enorgullece no tener más orgullo que el que cabe en esta oración.

La imaginación es lo que más atesoro de ser un Ser racional.

La gratificación que me produce no tener la posibilidad de ser indiferente a lo que me rodea es directamente proporcional al agotamiento mental que me genera estar todo el tiempo atentamente percibiendo todo.

Abrir la puerta

Tengo miedo, siempre. Me da miedo que salga todo mal, pero lo que más me aterra es que salga todo como quiero, que sea un sueño, uno real. Entonces quiero asumir este miedo, como parte de mí. Tengo dos pies, dos manos, dos ojos y un miedo terrible a vivir. Quiero abrir la puerta y no saber qué me visita, esperar lo inesperado, que la sorpresa me encuentre desprevenida, preparada para que no tener la menor idea se sienta con emoción. Quiero que la incertidumbre no mate mi ilusión de que voy a estar bien, aunque aún no sepa cómo. Bienvenidos, pónganse cómodos.

Me levanto de la cama con naturalidad, como en cualquier momento; aunque este es uno muy preciso y radicalmente diferente a todo instante previo y posterior. Lo sé. Puedo sentirlo. Es el segundo en el que se materializa una decisión, un cambio, el famoso clic. Decisión mentalmente tomada hace nada, hacia la nada. Cuerpo que se mueve por inercia, bajo una única indicación inicial que domina la serie de movimientos secuenciales que compone a la escena. La última escena. Se cierra el telón, sin público, pero con un último aplauso fuerte, seco, ensordecedor, de esos que te dan picazón en las manos, que ya no pican, que ya nada. Camino por la habitación en línea recta sin titubear. Ya no hay lugar para la duda. No hay lugar para mí. No hay angustia tampoco, la barrió la paz del objetivo claro, como los siete rayos que entran por la ventana metálica abierta. Mi telón azul marino, largo del techo al piso, con un cuerpo ondulante, de tela sintética electrizante de esas que se prenden fuego con solo mirarlas y unas pocas manchas de origen incierto pero cuya presencia es imborrable, como esta imperfecta vida que me acompaña mientras me acerco a la ventana. Saco la cabeza como una tortuga por primera vez. Con las fuerzas que ya no tengo, agarro el picaporte. Se me marcan las venas de los dedos a la médula. Solo se siente una ráfaga de viento fresco que reconforta. A lo lejos se escucha como un disparo. Apagón.

La primera vez que me morí

Tuvo que haber sido más de un segundo, pero para mí fue uno solo, que lo cambió todo. Nadie entendía nada y nadie me incluye. El punto era que, siendo la más afectada en ese instante, recaía en mí la responsabilidad otorgada por la vida para ser la más rápida para entender y, en el mejor de los casos, actuar. Me creía incapaz de cualquiera de las dos y lo lamentaba desde mi interior inexpresivo. Los primeros segundos fueron de desconcierto, seguidos de otros que acapararon la gran duda de que un desenlace satisfactorio fuera posible. Aunque eso depende de lo que sea oportuno para cada uno en cada momento. ¿Y si esto es lo que me toca? ¿Tengo otra alternativa que no sea abrazarlo? ¿Tengo poder de decisión? ¿Existe algo predestinado para todos nosotros? ¿Mi límite es propio, externo o una conjunción mestiza? No lo sé, pero lo acaricié y me raspó la garganta. Mis ojos lloraban sin sentimiento. Mi respiración me abandonaba, pero no sin ejercer resistencia por verse obligada a soltar la única misión que le habían encomendado, lo único que sabía hacer bien. Mi mente, desgarrada por la despedida inesperada, se entregó a lo que pudo haber sido y me juró aprender para la siguiente eternidad.

Cuando me siento vulnerable,
quiero que me trates como…

si no pudieras darme más amor
si me entregaras todo
si te vaciaras para dármelo todo
si todo conmigo valiera la pena
si de mi bienestar dependiera tu felicidad
si nada más importara, más allá de verme feliz con vos
si entendieras que mi sensibilidad también es mi fortaleza
si comprendieras que ser vulnerable no anula mi valentía;
sino que la potencia, porque demuestra que pueden herirme hasta más profundo que el centro de mi Tierra y aun así tengo fuerzas para llegar más lejos que la voluntad humana
si fuera la flor de *El principito*
si cada momento conmigo te fuera a cambiar la vida
para siempre
si aprendiéramos de los defectos y las virtudes de los dos
si me admiraras por transparente, por cristal,
por amar hasta evaporarme

si un abrazo tuviera el poder humanamente divino
        de curarlo todo
si fueras a quedarte conmigo para siempre y un poco más

Descargo

No quiero sentir que mi pecho se convierte en una tela arrugada que forma una bola y algo la succiona por dentro.

¿Qué es esta presión que no me deja respirar con la naturalidad que nunca tuve?

Todas inhalaciones cortas.

Todas las inhalaciones cortan.

Sentada, pasiva, pero en situación de lucha o huida.

Poetrain

(serie de poemas escritos en el tren)

Y no puedo parar de escribir
escribo como si no supiera hacer otra cosa
pero juro que sé
lo juro
también sé leer
lo que escribo
lo que escriben
empaparme de arte, que no es otra cosa que vida
darme cuenta de que esta es mi vía para no apretar
        los dientes
roto el cuello
seis giros para hacer y deshacer mi vida
aflojo la mandíbula
y la mano se desliza sola
no hay orden
el caos fluye con belleza cuando no se lo intenta contener
me dejo llevar y me lleva
me alejo para verme desde fuera

para vernos desde fuera
qué bien te sientan los aprendizajes
la existencia se trajea a tu medida
veo el calor de tu llama violeta
me recubro con tu paz
confíame a los ojos que el punto plata es inalcanzable y,
sin embargo, vivimos en esta estrella.

Los días pasan lentos, distantes de mi existir
y las semanas se vuelven imperceptibles
¿cuál es el comienzo de esta continuidad?
hasta el infinito tiene un punto donde empieza el trazo
camino a toda velocidad a través de un andamio
no quiero estar debajo cuando el mundo se me derrumbe
tomo impulso para que cuando el tren venga de frente no sepamos quién impacta a quién
porque el origen del golpe ya no importa cuando nos fusionamos en algo superior
algo...
la abstracción en cuatro letras recurrentes, que son todo y nada en simultáneo
nuestras vidas convergen en un punto exacto, ese momento que sabe ser ideal, y como tal no puede ser encapsulado por mi mano cuando cierro el puño
mis uñas se clavan por continuación de la fuerza de presión
y no sé si me duelen más las palmas o las ganas de que todo se detenga un ratito acá.

Quiero embeberme en creatividad
circular en un *loop* de creación constantemente vertiginosa
que los restos precipitados se integren en la solución, el estímulo
que absolutamente todo tenga el potencial de convertirse en un disparador y que, sin embargo, cada átomo sea milimétricamente curado
que la materia de mi esencia artística no sea por azar, sino por amar
amar al otro, que no sabe lo que recibe, pero percibe que en esto que compartimos siempre va a tener un espacio para sentirse en él.

Desintoxicarme de este sórdido dolor
salida de emergencia para toda situación compleja
vacío gris
sahumar el valle
y que la montaña me entre en los pulmones
respirar cada roca
que mis alvéolos mineralicen mi eje natural
que me quede solo el esqueleto para viajar por primera vez, de verdad, en el tren del silencio
y que el destino, sin final, sea tu galaxia tangible.

(fin de la serie)

Las cajas ya vacías
el planisferio desenrollado
inteligencia felina para colgar lo que acontece
        en su justo lugar
cerrar el paraguas
dejar que se mojen las margaritas
ya estoy al reparo
no es posible arrasar con lo que llevo aferrado.

Lista de cosas a ordenar:

* dos cajas vacías que me pueden servir para guardar carpetas, papeles u otras cosas

* varias bolsas

* zapatos varios que quiero limpiar antes de guardar para que después estén listos para usar. La historia de mi vida. Siempre dejo los zapatos afuera, sucios, desordenados y obstaculizando. No me gusta limpiarlos, pero los quiero limpios. No encuentro un buen sistema de guardado. Me quedan todos escondidos en bolsas, no sé lo que tengo y uso siempre los mismos.

* muchísimos *tickets* y papeles sueltos de todo tipo

* etiquetas

* papeles con información de un congreso

* documentación importante

* diapositivas, apuntes y material del máster

* una lámpara en su caja

* cosas de cocina que no voy a usar por ahora, pero que están en una caja abierta sin terminar de ordenar. Lo quiero debajo de la cama y nunca lo muevo.

* ropa para lavar a mano, que nunca lavo porque me lleva tiempo y no me da ganas de hacerlo, pero la quiero limpia

* ropa limpia que no llegué a doblar y guardar

* cosas sueltas que no sé dónde guardar

Es bastante, pero no tantísimo.

Me desahogo sin ser consciente de que para ello antes
tuve que estar ahogada
necesariamente
pero no inevitablemente
en este modesto acto lo aprendo a evitar
censo la censura
la invito, muy amablemente, a retirarse
no, no podés volver
el hábito del bienestar lo impide
me acomodo con mi deseo
me acuerdo de la cuerda que me agarra
y la agarro yo
me concentro
medito
con movimientos precisos, desato todos los nudos
nunca antes una cuerda se sintió libertad.

Vida

Me quiero definir por mi cuenta, pero no puedo
no todo el tiempo
a veces lo hacés vos, otras lo logro yo
al final, nos definimos juntas
inseparables
no puedo disociarme
en aislamiento, ya no existo
¿y vos?
necesito ser para amar
como estás vos, aprovecho
soy y amo
amante por definición
la que ama y si no no es
¿y si el miedo acecha?
lo contengo con amor
los opuestos se neutralizan.

Estoy duelándome a mí misma y, al mismo tiempo, aprendiendo a disfrutar del proceso
siento que este es el momento
me duelo porque me amo lo suficiente y te amo más de lo que me amo a mí
me voy a otro lugar, porque para crecer diferente necesito sensaciones que nunca hayan estado del mismo modo en mí.
Hay muchos recorridos para llegar al Sol
y ahora que me mira, elijo aprender de lo único que es estar acá.
La taza se rompió
sus partes ahora hacen a un todo que va más allá.

Mi primera estrella escrita

Tengo mucha sed
por momentos se me cierran los ojos
sin que me dé cuenta de que estoy cansada
no me acuerdo cuándo fue la última vez que tomé agua
sigo con gusto a café
siento el estómago caliente, deshidratado
me da un poco el Sol
me gusta, pero tengo calor
no me quiero sacar el *sweater*
¿me gusta quejarme?
no me quejo
me saco el *sweater*
¿o me lo dejo?
me lo saco
¿qué hago con este peso que me mira sin reflejo?
el agujero negro
me lo saco también
no tomo lo que no me pertenece
esta agua me la bebo toda
pero, para empezar, la hago mía.

Se balancean tres lámparas
con un viento que solo ellas sienten
las veo y entiendo las diferencias que puede haber
        en la percepción.

Odio hablar de plata
sí, está en todos lados; pero no la quiero verbalizar
que esté, mientras no salga de mi boca
no nos debemos nada cuando lo damos todo
nada es mío y, sin embargo, todo es nuestro
¿cuánto cotiza amar?
esto es sin intereses
¿cómo se siente si no?
¿y el tipo de cambio?
recíproco.
o, a veces, incluso incondicional.

Macarena

No puedo definirte con palabras porque tu inmensidad se encuentra fuera de nuestro léxico.

Me aproximo para dedicarte algo que pueda representar la piedra preciosa de mi admiración.

Quizás no seas terrenal. Tal vez sos simbólica.

Te amo por tu valor y te defiendo por tus miserias.

La silenciosa pieza que hace que el mundo pueda dar sus vueltas, aunque no haya canción.

Con vos, los temblores acunan y ya no hay miedo que un terremoto pueda dar.

Ignorás tus habilidades, como el infinito que desconoce sus límites.

Sos el punto de partida en el que se llega al más allá.

Gracias por dejarme sin palabras, a mí, que lo digo todo.

Aguja

Resuenan las campanas de un ritual
        que no termino de entender
y que, sin embargo, significa mucho para mí
necesito de tus vibraciones para extirpar
        este dolor punzante de mi pecho
sacamos la aguja
quedó el hilo
lo teñimos de violeta
desatamos el nudo
el amor se encarga del resto, como lo hizo
        desde un principio
esta fusión está vibrando más alto de lo
        que se puede registrar
mi brazo termina en el tuyo, ¿o empieza desde allá?
todo es paz, ahora que ya sabemos estar
        de este lado del amar.

Viento portátil

Estás siempre en movimiento y, de vez en cuando,
        me invitás a acompañarte
en realidad, no sé si hay una invitación concreta
quizás es que yo me predispongo de vez en cuando
        y vos siempre me das la bienvenida
el centro es la incomodidad, que con la aceptación
        se expande hasta reconfortar
te toco, intangible
me rodeás, invisible
llegás a tiempo para la reflexión y para la inhalación ahogada
me visto de gala para honrar tu noble compañía
y con rápidos giros yo también me vuelvo viento.

Vuelvo con vergüenza
este dolor no debería ser compatible con tanto amor
no me quiero ver en tus ojos de cristal
¿en qué me transformé?
¿en qué momento me convertí en mi propio desprecio?
la ironía como lanza
conozco todos los recursos que enrojecen una masacre
pero me niego a verlos en mis manos
nunca será la ocasión, mientras yo sea la que decida
se trata de disolver lo que aún no tiene forma
la energía que en otro plano no supo cantar en armonía no será huésped en este, mi hogar
un pensamiento que da dos vueltas probablemente esté confundido
y una buena pregunta siempre sabe directo a dónde quiere llegar
mantener la buena fe elevada en la misma medida que las intenciones, para ver que si son propias o ajenas a nosotros nos es igual
no dudes que sé que tus respuestas siempre son verdad.

Un trapo sucio pasa por la bandeja de la máquina de *tickets* del metro

busca limpiar, pero ya está sucio

¿siempre encontramos lo que buscamos?

¿lo que nos encuentra es el verdadero acierto porque no hizo falta buscarlo?

uñas celestes, pastel, cúpula que nos recubre sin cerrar

cerramiento de cemento

¿qué te da miedo que se pueda infiltrar cuando estás protegido desde dentro?

remix emocional cuando los diez dedos de los pies bailan el libre albedrío de la confusión preocupada por su recurrente despreocupación momentánea

rechazar el *spam* aunque se repita hasta su propio hartazgo

las experiencias intensas que fortalecen el amor que se confirma con la mirada

la paz conmigo es contigo

dicen que nada es para siempre, pero yo no me olvido de lo eterno.

Gracias a Dios, a alguna fuerza superior, a mí misma o a un conjunto de estas y muchas otras entidades; tengo un sueño marítimo, profundo como el horizonte.

Pocas veces me despierto antes del momento en el que el deber se impone, incluso puedo extenderme inconscientemente un rato más.

Gracias a todo lo que dije antes, entonces, me ahorro temor.

Nunca es horror. Eso sería contundentemente identificable y, por ende, sustancialmente menos terrorífico.

El terror que vibra como el sonido y golpea las paredes sin poder ser visto, ese mismo, paraliza translúcido.

Y es en el lado oscuro de lo conocido donde se esconde lo que nuestra mente no puede resolver.

El miedo como premisa de lo que no distingo.

¿Por qué asusta el trayecto en el coma absoluto de los sentidos?

Saber que no se trata de luces y sombras, sino de la consciencia de que el inconsciente puede vacilar en el vaivén de la realidad-imaginación y cualquiera que sea la dirección estará bien.

El mal es una construcción que por sí sola se desploma. ¡Boom!

He atravesado el espejo

He atravesado el espejo y se hizo líquido
fui charco
me pisaron
quise ser mar, pero todavía no era suficientemente brava
soy inmensamente dulce y pude ser río
sin importar esta inmensidad, me dijeron que aún
era demasiado pequeña para este mundo
¿con qué elemento se mide la humanidad?
quizás nadie esperaba nada de mí
tal vez todos pretendían demasiado
yo no esperé, no pretendí, solo supe reconocer cuando
el momento me rozó
me evaporé
ascendí
trascendí
ahora soy todo lo que estás percibiendo y aún no sabés
qué es.

Camino segura, en inmutable levitación
los zapatos resuenan en el vacío lleno de otra dimensión
en nuestra frecuencia auditiva, silencio de entierro
nadie ha muerto sin vivir lo que le queda
todo lo que nos espere será bienvenido
solo nos apartamos de la excavadora bruma que nos aspira
con una sonrisa
gracias a todo lo que es para nosotros, se retroalimenta
en expansión la energía de ser felices.

Me quedo quieta, entre la ventana y el cajón de madera abierto del que se asoman mis prendas, que se encuentran guardadas provisoriamente ahí y no en otro lado.

Sin embargo, yo ya no estoy en el mismo lugar.

No me gusta irme, por eso estoy aprendiendo a quedarme.

Una masa amorfa con pinches pegajosos se adhiere a mi pecho.

Me contraigo, aumenta la curvatura de mi columna hasta el dolor cervical, mis hombros ya pueden tocarse entre sí por debajo de mi mentón, guiado al centro de gravedad por mi cabeza sumisamente replegada.

¿Cómo me suelto antes de estar atada?

Mis mandíbulas tiemblan para sostener la tensión estática.

Quiero que llegues a tiempo para nunca jamás volver a ver esto.

Ojalá supieras que cada vez me quedo mejor.

Me desdoblo para desconocerme por un rato y desarmar la maleta que nunca me pregunté por qué debía cargar.

Me encuentro con todo lo que no me pertenece y comienzo a devolverlo.

Toco muchos timbres, incluso el tuyo. También el mío.

Me entrego lo que ya no quiero porque solo así aprendo a dejarlo en otro lugar.

Digo que no soy buena para las despedidas para permitirme darle un beso y una lágrima a todo lo que ayuda más, lejos y en dirección contraria.

A veces creo que es una destreza premiada en los Juegos Olímpicos a los que nunca clasifiqué.

Y, sin embargo, está acá en esta futura frase ausente que no vas a poder leer porque ya estoy a punto de soltar.

Sí, justo en su mejor tiempo.

¿Qué es un insecto?
un cuerpo dividido en partes, que respira
podés ser vos
puedo ser yo
sufre metamorfosis
¿la metamorfosis se sufre?
¿qué le pasa a la RAE cuando define?
¿no se podría decir «experimenta» también?
¿está en nosotros como humanos
        o ahora como insectos sufrir?
¿vos qué decís, Kafka?
no te quería molestar mientras hacías tu larga siesta
pero acá estamos todos los que te leímos sin entender
        por qué hay insecticidas ni por qué la RAE
        nos hace sufrir por definición
no nos consultaron nada
ni voz ni voto
¿y vos qué pensás?
de lo que no se pregunta, de lo que no se dice
        porque no se preguntó
¿será por eso por lo que creemos que somos diferentes?

¿*a priori*, la premisa es que nos tenemos
        que diferenciar para ser?
el bichito bolita con el que jugué toda mi infancia
        nunca me dijo que no era igual a él
y nos prometimos no sufrir como condición del ser
porque ya no sé lo que es ser un insecto,
        ni si se necesita una condición
seremos lo mismo hasta que se demuestre lo contrario.

No sabés si es fresco o si quema
pero duele
y está demasiado adentro como para salir
escuece
la gestación de un dolor que no cede el paso a nada má.
aprieta siendo núcleo
hacia afuera
la presión de la expansión
el contorno podría estallar, si no lo soportaras todo
pierdo mi forma
me distiendo hasta no ser más yo
solo me queda lo que me quitaron.

Silencio

¿Qué sos, silencio, que nos hacés ser un poco más nosotros cuando pensamos que ya no se podía ser más?

¿A dónde te vas cuando vuelven las palabras para llegar tan rápido cuando ya no queda más nada?

¿Cómo es que siendo pausa tus movimientos vertiginosos hacen que vayas a todas partes sin estar en ningún lugar?

¿Cómo te llamo sin hacer ningún ruido que pueda estropear tu esencia, que pareciendo estar vacía nos llena a todos?

¿Cuál es la fórmula que te compone perfecto, sin ser ausencia y siendo más que paz?

¿Dónde puedo encontrarte, dejándote libre para aparecer solo cuando quieras que mi compañía sea la tuya?

Con esa cósmica mirada que me ingresa, ¿me prometés regresar sin haberte ido?

Solo un pie frío
afuera, expuesta
sabiendo que puedo estar más cómoda,
        pero sin saber cómo lograrlo
permanezco
a veces en donde sé que no pertenezco
porque, ya ves, no me hace falta pertenecer
mucho menos para ser
soy estos principios sin finales
porque nadie sabe dónde vamos a terminar
y yo empiezo extendida en esta cama,
        que me gustaría que pudiera hablar
¿qué me dirías, sabiendo lo que sueño, si te enteraras de lo que hago desde que te despido hasta que nos volvemos a encontrar?
creo que me entenderías, porque yo te comprendo cuando te quedás contemplando las partículas suspendidas en el haz de luz que atraviesa nuestro espacio
siempre un rato más

quiero que sepas que si algún día, como hoy, pongo música, guardo mis cosas y te doy mi bendición, mirándote, antes de cerrar como siempre la puerta, la persiana quedará entreabierta para que en ese mismísimo haz de luz se realicen todos nuestros sueños.

Son las 18:43
en España, claro
son las 13:45
en Argentina, confuso
hoy me desperté, ya diríamos, supuestamente, a las 6:30
por lo que, según mis cálculos, para mí, y quizás para alguien más, o tal vez para unos cuantos, son las 12:13
¿me creés desorientada?
yo considero que estoy intentando percibir algo que, quizás, algunas veces, o tal vez unas cuantas, pasa inadvertido, como la respiración
tampoco digo que nos activemos el *timer* como microondas
pero yo, y quizás alguien más, o tal vez unos cuantos, me cuento los segundos, de a ratos, de vez en cuando lo necesito
y yo, y quizás nadie más, o tal vez algún que otro loco, me puedo llegar a cuestionar la vida misma algún que otro de mis días y me cuento hasta cuatro, en series, que también me resulta inevitable contar
hoy llevo 10.995.

Antes agitaba la lapicera
con movimiento rápidos
siempre para empezar a escribir
la primera vez de forma más prolongada
cuatro segundos más que los otros tres
después de una pausa, es decir, antes de la continuación,
        el tiempo basal
ahí están contenidos los movimientos más cortos
algunos imperceptibles para los extraños al impulso
        que acontece en lo que parece no ser nada
eso es magia, encanto, creación
el desplazamiento de la quietud
la mente intentando hacer de las suyas frente a una mano
que no responde si no lo siente
el primer latido, sin embargo, lo vemos todos
protagónico, como el esperado llanto de un recién nacido
ahí nos ubicamos, con un par de giros
        y algún zigzag vertical
porque, en principio, hay que estar predispuestos
¿y lo estoy?
y lo estamos
tanto, que ya no necesito verlo.

Estoy en mi abundancia
me convocan para ir a un lugar desconocido
y acepto
¿por qué sí?
por el maravilloso hecho de que luego dejará de serlo
aunque habrá más, quizás incluso mi sitio de origen,
        que con el tiempo empezaré a desconocer
¿te preocupa?
yo lo que no dejo que se me escape
        es la capacidad de asombro
siempre le doy un margen
extenso
porque si lo conozco todo,
        ¿qué será de la vida que ya no tendré?
ahí está, en ese caso, también lo sabría
entonces, mientras tanto, me desplazan fraccionada
y me dejo llevar
me quedo sola, a oscuras, en un lugar frío, muy frío
tan frío que no me siento
pierdo mi movilidad, pero no mi confianza
petrificada con mi esencia intacta

observo un poco el panorama y con la prisa
        del que no espera comienzo a conversar
los otros también están un poco desorientados
bueno, los recién llegados, como yo
los más veteranos nos explican sus teorías
debatimos sobre lo que más nos gusta,
        aquello que desconocemos
me dicen que puede que mañana me vengan a buscar
        y me lleven a algo que se llama fiesta
también me puedo quedar una temporada,
        que todavía no sé bien qué es
escucho voces
se acercan
una luz brutal.

No era la mejor por su sabor
aunque sigue siendo mi favorita
quizás, por su significado, el gusto se apropió del pensamiento
    de que aquello era lo mejor que podía saborear
y si así fue, así será
porque mis papilas gustativas recuerdan más aquel ritual
    de amor que si aquello llevaba sal
la abundancia estaba en el gesto
en la espera despierta y en el despertar gentil
en pensar en el otro y que ese otro sea yo
a todos nos gusta que nos mimen a los ojos
y vos te perdías por los míos
hoy te llevo a tu propio reencuentro
    para que no te olvides de que todo lo que has dado
    sigue en tus manos
porque todo el amor que me das, Mamá,
    es el que yo te entrego.

Las voces alzadas
superpuestas
ya nadie escucha ni lo que quiere decir
gritan tanto que no puedo pensar
grito para salvarme en un sonido sin discurso,
        pero con mensaje
es mi alerta en este continuo estado alarmante
quiero que algo me despegue de la Tierra
        y no me deje volver hasta que todo haya pasado
mantenerme en suspensión, protegida
nada va a pasar
todo ya viene pasando
depende de mí dejarlo en mi pasado
yo soy mi propio algo que me protege
el despegue es en el seno interno
un viaje de reconstrucción
volver a empezar desde el final
no reniego por nada
¿esto es lo que me hizo?
a mi manera, sí, a mi manera
algo me golpea
la lágrima se reabsorbe

nadie ve nada
porque la mesa nunca está servida igual,
aunque siempre sea la misma.

Contar de nuevo, con números que no son para sumar
soy yo la que me sumo a los que dejan de ser partes
y somos todo
no creo en las cuentas regresivas
incluso el infinito avanza cuando retrocede
en cada cuenta de unión se abre un portal
entramos todos por la salida
queremos ver lo que quedó
«¿hay mucho para reparar?» me susurran
        los que son conmigo
no logro racionalizar cuánto puedo sentir
me pregunto si las estrellas miden los deseos
        que les cumplimos.

Tu confianza significa la paz en mi mirada, capaz de perderse por encontrar tu bienestar

me coronaron inofensiva cuando reina el dolor

agradecida, me debo al amor que me han dado y al que me puedo imaginar

podés ver a través mío y tomar todo lo que encuentres, solo si me prometés no devolverme cuanto te he regalado.

Me estoy viendo borrosa
me pido un tiempo
a mí misma
necesito ser parte tuya
volverme ajena para verme mejor
se requiere dejar de ser instante anterior
la evolución, sin prisas, no se detiene
el tiempo que me pido, me mueve
él me pide
y yo nunca dejé de moverme
crezco hacia adentro
tuyo
donde siempre hay lugar para crecer.

Grito. Casi como un aullido. Al azar, la vocal que me salga primero. Creo que nadie puede escuchar algo que no sean mis gritos. No me importa. Yo grito por lo que me importa. ¿Dónde está? ¿Dónde está? Quiero que me dejen ver lo que más me importa. Quiero abrazarla. Necesito ser ella, tomar su lugar. ¡Hijo de puta! ¡Hijo de puta! Hasta que me quede sin voz, sin alma, sin vida, como la que me arrebataste. No escucho a nadie. Ruidos de *walkie-talkies*, celulares, los medios de televisión, reporteros, policías, médicos, enfermeros, gente curiosa, gente chusma, gente con ganas de ayudar cuando ya nada se puede hacer, gente con ganas de joder. ¡Ya nada se puede hacer! ¡Nos jodieron la vida! Un murmullo sin sentido, como todo esto, como mi vida, a partir de ahora. De fondo, ruidos de ambulancias, patrulleros de policía. Todos con sus luces estridentes y los autos, los celulares, las cámaras. No puedo ver nada. Solo la quiero ver a ella. La puta reportera cubriendo la «nota». Despreciable prensa amarilla. ¿Qué filmás, basura? ¿Por qué me grabás? ¡Déjenme pasar! ¡Déjenme pasar! Todos me estorban. La humanidad me golpea. Estoy roja a reventar.

Siento cómo se me marcan las venas a los costados de mi cuello. Necesito respirar. No puedo. No puedo con esto. ¡Que me corten la yugular! Quiero frenar este dolor con mi sangre. Voy al choque con todo mi cuerpo. No hay fuerza suficiente para separarme de ella. Araño al de delante para abrirme paso entre lo imposible. Corro sin sentir nada, sin entender qué pasó. Me tiro sobre su cuerpo, como si fuera al vacío. Mi vacío. Quiero ser su salvación o que ella sea mi tumba. Lloro salvaje, sin rumbo. Libero mi desesperación en un alarido que me deja sin voz. ¿Quién me devuelve a mi hermana?

Canto que el tren se va, pero antes me subo
¿me voy con él o él se va conmigo?
no queda claro, no hace falta
«milanesas con mermelada, le gusta a usted,
        le gusta a usted»
me cantan en la mente el repertorio completo
        de las canciones que escuché en mi vida
crezco en mi niñez eterna
me enojo y actúo como paloma
cabeceo con los ojos bien abiertos, el cuerpo me acompaña
        en cualquier cosa que se deslice por mi mente
me río, me doy cuenta de que nunca estuve enojada,
        como las palomas, que tampoco
        pueden rozar ese sentimiento
hablo mi propio dialecto
sonidos aleatorios
algunos se conservan asociados a un significado
        a lo largo de los años
otros se renuevan cada vez que son pronunciados
todo lo absurdo cobra sentido en el juego
te espero, con la ilusión siempre lista,
        hasta que me pase a buscar mi abuela.

Bajo las escaleras del metro y voy entrando en mi mundo
con cada escalón voy perdiendo un poco más
de contacto con la realidad
me sumerjo entre la gente, que se vuelve una analogía
de mis pensamientos
a veces, no sé si son los suyos o los míos
somos marea metro adentro
por encima del oleaje, se escucha el golpeteo
del contundente granizo
visualizo la ayuda inesperada que me convoca
nado mi retorno a la orilla superior de la escalera marítima
acerco mis manos hacia ella
sorprendida, deja de granizar
juntas, tomamos aire antes de despedirnos, agradecidas,
en el fondo del mar.

Una gota de café
atrevida
café con espuma
heterogéneo
se escurre de su zona de losa industrialmente perfecta
valiente
la taza no alcanza para colmar su espíritu
hambriento
con ánimos de explorador se dirige hacia donde
        solo el Sol sabe
brillante
el destino que te espera se refleja en mis ojos
        como el cristal fracturado cuando te hiciste nacer.

¿Sufre aquel que se muere en la cresta de la ola?
creo que no lo sé
primero, porque esta cresta es de meseta
segundo, porque aún no te moriste
tercero, porque sufriste mucho antes de tiempo
el que llegó ahora para discernir que en vano
        no vale la pena
seguís existiendo, pequeña, pulida a lo bruto
y aunque te desprenda de todo, continuarás siendo
tu arraigo es liviano, inmaterial
y, sobre todo, moldeable
te transformás hasta verte tan irreconocible
        que no podrías ser aún más vos misma
no hay forma de perderte en este vital estado
        de inconstante construcción
el temor se carcome a sí mismo cuando tu respiración
        se vuelve viento
aunque te golpee tu propia ola, no hay riesgo,
        ya aprendiste a levitar.

Pau Claris

¿Nunca te conté sobre Pau Claris?
vení, vení
café con leche de avena
agua sin gas, con hielo y limón
por favor y gracias, dos veces
sonrisas respetuosas y cómplices
a veces podrían traer todo sin que pidamos nada
ya nos conocemos
igual, todavía no lo hacen
no nos conocemos tanto
quizás porque aún no nos sabemos los nombres
mutuamente
o, tal vez, porque no sabemos cuándo tenemos hambre
en ningún caso.
Sentite cómoda, como todos los jueves
o como todos los días en los que pensás en Pau Claris.

Carcajadas sin sentido
te sudan las manos, por alguna razón que desconocemos
ya no estás tan eufórica, ¿no?
te cambió la cara
de golpe
como la risa, el grito, la cachetada, el portazo
no entendemos nada, pero no hay dudas de que pasa algo
¿raro?
no sé, no lo puedo adjetivar
no en medio de tanto desconocimiento
esta ignorancia me duele
y a vos también, aunque parezca que no te das cuenta
        de nada en el segundo del después
nos quema el miedo
googleo una respuesta, como novata, como humana
encuentro un médico de referencia en lo que rezo
        para sanar
llevo a la consulta todo mi carbón.

Lucila

Te entregué, encantada, mi voto de confianza
y nos gobernó el arte que más nos encanta
quisiera venir todos los días a este rincón
        en el que soy tan feliz
gracias por construir la esquina en la que me encuentro
        con mis ganas de crear lo que vivo
me salvaste en cada sílaba
por eso, el alma, se me sale
silbando.
Si me hubiera llevado puesta uno de los que no frenan,
        no me hubiera dado igual no volver a ser tan nosotras
pero la certeza de haberlo dado todo
esa vuela alto, no me la arrebatan
carcajadas y lágrimas, hasta indistintas
café y tinta, mas nunca de más
menos sería una angustia
no me taches la doble, que esto da para «un rato más».
Ninguna pararía de hablar, si no fuera por escuchar a la otra
cabeza y zancos
la importancia no radica en la parte, sino en el complemento.

Nada podría haber sido más
y nada podría haber tenido más
sentido
mi coordenada para la creación
más que la confianza que nos dimos,
        la que me enseñaste a construir
insondable, el valor, nuestro océano.

- I -

Atrapado en este dolor sangriento
te agredo, sin entenderte
por no comprenderme
si supiera lo que te hago, quizás no lo haría
pero me limita ser inconsciente de mis dificultades
y, sin embargo, te exijo que me respetes
en contra de tu integridad
en contra de tu voluntad
porque tiene que ser la mía y no la nuestra
vos no entendés nada
¿por qué no me querés?
loca, loca como tu vieja
me debés la vida
¿y así me pagás?
están todas complotadas en mi contra
¿por qué me mirás con ese odio?
loca, loca de mierda
ya vas a saber lo que es bueno
ya me vas a agradecer
me hundo en dolor

ya no sé salir
tampoco sé cómo entré
pero sigo, y sigo
ahora veo cómo te lleva la corriente
mar adentro de lo que nunca lloré.

- II -

Quizás esta locura es la que me deja ver más allá
y comprender que lo incomprensible no tiene respuesta
solo me queda esta aceptación
te acepto en mi realidad
más allá del árbol
apreciando todo el bosque
aún con una parte del dolor que me dejaste
ya lloré por los dos
me sequé para regarme
plantada desde otro lugar
cercano, pero distinto
este es el regalo que nos hago
para perdonarnos no haber sabido hacerlo mejor.

Tomate

Un niño se perdió
se encontró una mujer
alguien se dejó olvidada una bolsa
en una silla, en una mesa, en una cafetería,
        en una calle perpendicular a una avenida,
        cuyo nombre ya no recuerdo
abro la bolsa
tres tomates, dos bien rojos, uno más verde
en dos días madura
son para el desayuno de Ian
lo dice el libro, en francés, subrayado desprolijamente
        con el lápiz que se llevó el niño perdido
gracias por trazar mi camino de reencuentro.

Libertad

Por más extraño que pueda sonar, por los preconceptos que nos generamos y a los que yo misma estoy dando lugar en este momento, una de mis mayores aproximaciones al estado de libertad se acercó a mí cuando me personifiqué en las acciones de otro ser

ser tan guía como libre

no líder, sí mentor

¿me entendés cuando te digo que le sigo los pasos a la libertad?

claro, si me entendés todo

yo, ¿me explico?

camino detrás de lo que llevo dentro

después de todo este tiempo, el necesario para contemplar la parte menos invisible del todo que estuvo siempre

veintinueve años con los zapatos puestos, creo que bien, no sé si tan bien, pero puestos seguro; o, al menos, medias

tres cuartos, largas, soquetes, plantines y, algún día cancán

para todos los gustos, casi siempre míos, de todos los colores

incluso para dormir, algunas en particular

y, al final de mi principio, quitándolo todo

en las texturas diversas: rugosa, húmeda, acolchonada, rasposa, pinchuda, esponjosa, áspera, fresca, resbalosa, lisita, cortante, límite, «pelante», inestable, gomosa, helada, irregular, resquebrajada, suave, mojada, sucia, pegajosa, perfumada, dolorosa, acogedora, mullida, viva

descalza, la libertad.

Pido perdón
a veces, más de la cuenta
o quizás, justamente teniendo en cuenta todo
y, no sé, no estoy muy segura de nada
salvo cuando pido perdón
porque ahí sé que se encuentra la apertura para ser mejor
y puede que pida perdón, de vez en cuando, buscando la posibilidad de trascender que yo misma, en mi pleno vacío, no puedo darme
pero me brindo a través tuyo
para avanzar, con el minúsculo margen en el que mi consciencia se amplía, mayúsculamente en la escala de amor
y así, me entrego en todo el amor que yo, de ninguna otra manera, podría llegar a darme.

Lo más curioso es que mis fotos típicas no son mías

no lo son porque se podría decir que, a ciencia cierta, aún no me pertenecen

y, por sobre todas las cosas o álbumes, yo no aparezco en ellas

bueno, ahí estoy, relativamente, en un porcentaje poco exacto y, fundamentalmente, lo suficientemente desconocido como para que pueda asignarle un número

sin embargo, en los términos concretamente prácticos de lo absoluto, que desconozco tanto o más, esa... esas mismas, no son yo

de cualquier forma, se me conceden sus historias

y yo, claro está, las adopto, junto con sus circunstancias, sus contextos, sus escenarios, sus acciones congeladas, sus construcciones ya pensantes más allá de los pigmentos RGB impresos y, en primer lugar, sus sentimientos, que jactándose de intransferibles, fueron ya transferidos, incluso previamente a su reconocimiento por su primogénito portador

entonces, así es como precisamente encarno lo que no soy,

pero tampoco puedo negar haber llegado a ser.

¿Todo muy normal?
para mi *todo*, muy normal
acumulás colillas, mientras te falta el aire
¿por qué prendés un cigarrillo con lo queda del otro?
uno tras otro
tiro y tiro
la cadena no se rompe
pero ¿y qué te queda?
dicen que es locura
yo creo que es una cordura incomprendida
y confío en lo que creo
porque siento que estás pudiendo ver más
        que lo posiblemente permitido
y la verdad universal se te presenta de una forma
        que no podés transmitir
y así, nos llegan tus gritos incoherentes a mitad de cuadra
tanto para contar se asfixia en lo tan poco
        que podemos comprender
defendete todo
eso que estás pensando siempre estuvo bien
desempolvo tu nombre
le pongo brillo a tu memoria

radiante
orgullosa por siempre,
la nieta del loco.

(Homenaje a Sixto María Álvarez)

Corro tan rápido como puedo
con la habilidad que Dios me dio
por la compasión que vos te quitaste
yo sé que lo que hago no está bien
no sé si vos sabés a lo que me estás obligando
me forzás a una guerra sin trincheras
en la que mato y muero por igual
junto el coraje para ser tan cobarde para vos
        como valiente para mí
agonizo con el disparo que me permite alcanzar
        un escondite donde no podés encontrarme
y cuento las hojas de la copa del único árbol
        que alcanzo a ver
ya mareado con los ojos entreabiertos
descanso sobre el tejido necrosado de mi pierna
sabiendo que no salvé a ninguno de mis hermanos
porque siempre habrá uno más que corra,
        preso de la paz que te falta
y que yo, ahora, tampoco puedo encontrar.

Dedicado a los galgos, solemnes hijos del viento

No sé de dónde sale
¿cuál es tu origen?
en una habitación cerrada
reducida pero suficiente
multipropósito en cada metro cuadrado
dos puertas tradicionales
una corrediza
una ventana hasta la cintura
nada abierto
por lo menos, no ahora
barro todo con esmero
sudo esfuerzo
destilo el orgullo de la pulcritud concebida
mi mente se desvía por una ruta sin gravedad
viajo 3, 4 pensamientos más allá de la estratosfera
tiro de la invisibilidad de mi globo
aterrizo en vaivén
¿azul?
¿qué hacés ahí tan azul?
pomposa y vanidosa por tanto
contundentemente sutil
podría inhalarte una aspiradora

pero no, quiero comprenderte
o al menos, eso primero
ya tendremos tiempo para el después de los *despueses*
¿cuál es tu fórmula para materializar el vacío?
porque acá mismo, todo limpio
absolutamente cerrado
no podría haber más que nada
nada, pero vos
¿del agujero negro de qué universo estás viniendo?
no te muevas
ahora entiendo
todas ustedes, azules, tan recurrentes
donde sea, me están esperando
quedate ahí, en ese punto
suelto sobre el *parquet* un papel con mi mensaje respuesta.

La materia azul

Nate

Te quiero por todo
y también por auténtico
trascendés con tu paciencia
y regresás solo con las palabras más justas
todas las fronteras de la Tierra se desdibujaron
    cuando pintaste el brillo en los ojos de nuestra amistad
ojalá el Universo volviera, a veces, a permanecer
    en ese instante
los idiomas se hicieron lenguaje
y ya no importaba si era físico o verbal,
mientras comprender fuera menos verbo y más acción
compresión, comprensión, compasión
compañero, qué lejos que hemos llegado para
    acercarnos tanto
por salirnos de tu y mi lugar
con nuestra mejor intención,
la que tenemos a propósito sin darnos cuenta.
Lo mejor de transformarte en caracol
es que cambiás siendo vos en cada giro
honrás la noble igualdad

y reverencio aquello que te referencia
aunque sé que siempre estás ahora,
a veces te extraño acá
no hace falta que hagamos historia, si podemos
    hacer destino
la frente, al Sol
me enorgullezco con la humildad con la que te veo
    volver a llegar
a donde nadie nunca pisó con la mente
no sos afuera, sino adentro
¡qué maravilla de antesala!
no me despido, siempre voy a estar recién llegando
pero en este abrazo, no me dejo nada pendiente.

Lo que vos quieras
como quieras
¿y si no sé lo que quiero?
de última, tiro una moneda
o a la primera
quizás así nos ahorramos un poco de tensión
los aires filosos del no saber
la incertidumbre, a veces, corta
y podemos aprovechar para quitar esta sensación
        de un saque
la curita retirada de un tirón te toma por sorpresa,
        viniendo de la persona en la que más confiás
por eso, que esta confianza nos relaje sin saber.
Una vez alguien me dijo que cuando esté en el aire
        me voy a dar cuenta de qué lado quiero que caiga
yo lo siento en la boca apretada del estómago
        tres segundos después
cuando se sacude irreverente contra la superficie que toca
bailando su propia percusión
o cuando se queda planchada postimpacto
        sobre las manos que la arropan sin adormecerla

cierro los ojos con la fuerza que deriva
        de mis manos extendidas
me leo entre sutilezas
la verdad, antes próxima, ahora me traspasa
siempre supe lo que quise y lo que nunca querré.

La gente me mira muy fuerte
podrían arrancarme las tripas
y a mí solo me dolería el pecho
quizás la tráquea
y también las pestañas del ojo derecho, que me tiembla
    cuando quiero que exista el control
ahí lo dejo ir
a explorar otros mundos más sabios que el mío
a veces miro hacia atrás, tan lejos como puedo, para intentar
    llegar adentro
así se me acomoda el cráneo
nada vuelve al orden que nunca existió
el éxito es que se crea una nueva forma de percibir
en la que siento la distensión de la abundancia
    que nada limita
y me invita a respirar más y profundo.

Corro para alcanzar un tren que no me debería tomar
no puedo perder lo que no es para mí
la plaza es un país
¡qué impactante!
si nos vamos todos, ¿quién queda en lo que dejamos?
me dice: «hace muchos días que no tengo tiempo»
agrega: «llega un momento en el que ya
no servimos para nada»
ese es el que nunca deberíamos permitirnos que nos llegara
cuando viajo debajo de la tierra, no necesito aferrarme
a nada, ya estoy en otro plano
sé que me siento en el lugar correcto cuando el señor de enfrente saca un libro amarillento, forrado, sin título aparente, y un crucigrama previamente recortado del diario que nunca leyó
una línea tatuada en el contorno de la oreja
como el abismo dibujado sobre sí mismo
quiero construir el rescate planetario
siempre contigo.

Soy dos
una intenta liberar al mundo de las injusticias
        que nos atormentan
la otra encuentra paz en la interna certeza de que una oculta razón subyace a todo lo que acontece, sin distinción alguna
mientras tanto, se entremezclan, bruxismo de por medio
bailan en la fricción de mis dientes
y después ya no sé bien qué pasa
porque despierto sin tener claro quién soy
te beso el origen
y me recuerdo lo trascendental que debe ser el mío
y lo sagrado que es el nuestro en este renacer
destinados a recuperar la humanidad que somos, como si no nos hubiéramos confundido tanto, sabiendo que nos equivocamos mucho más de lo que creemos
entre lo increíble, confiamos en que todo, e incluso esto, no fue un error.

Es Navidad. No sé bien qué fecha es. No soy buena para las fechas ni los números en general. Aunque sí para las matemáticas. Siempre hago entre dos y cinco ejercicios adicionales a los que nos mandan de tarea. Porque me encanta y, a veces, siento que no puedo parar. Algo me atrae, a las matemáticas y a Papá Noel. No sé bien qué, ni si es lo mismo. Hoy no tengo tarea porque ya es Navidad. Mamá me lo confirma en la mañana. Yo lo voy sintiendo a lo largo del día. Me entusiasman los aires festivos de parte de la humanidad y también de mi pequeña familia, ambas muchas veces partidas. Aunque sea algunas veces, varias, se sigue sintiendo siempre. La partición dura, perdura, duele. Pero más lastima aferrarse a piezas quebradas. Veo en el suelo nuestra sangre incontenible, roja, como la Navidad. ¿Cuánto tiempo más puedo apretar dentro de mis puños estos cristalitos de las copas con las que ya no podemos brindar? Le pido a Papá Noel: ser feliz y que toda mi familia lo sea. No envío la carta a ningún lugar. La escondo hasta de mí misma. Papá Noel me puede leer desde donde quiera que esté. Estoy segura de su omnipresencia, más que de esta realidad. Suena el timbre del cuarto B, de bueno. Me sorprende lo que descubro con el sonido de la hora de la verdad. No espero a Papá Noel. Necesito que se me presente Dios, o algo que nos salve.

El cronómetro marca el tiempo
dándole un valor ínfimo, ficticio
igual lo pongo
aún seguimos sujetos a ciertas leyes materiales
pero yo me suelto
salgo de todo para caer en la nada
que no es ir a parar en la nada
reparo en que soy nada
sí, soy nada
y no hay nada que reparar
quizás, ya todo se fue reparando
en la preparación
ahora, vacía, libre, disponible, irrefrenable.

Sant Esteve Sesrovires, 23 de diciembre de 2022

Querido padre,

Tu despedida fue tan inesperada como oportuna. El tiempo que no existió para procesar tu ausencia, se gestó después de un momento incierto, a partir del cual pudimos asimilarlo todo. Incluso el sentido de la vida humana, que dejé de buscarlo para dejarme encontrar. Desconozco si esto me hace un ser menos razonable, pero me siento más humano con esta paz. Ya no lucho por la existencia ni por nada de lo que ella alberga. Ya no lucho. Me despedí de todo lo que pudiera en alguna medida agotar lo que me fue concedido. Tantos regalos, inconmensurables e imperceptibles. Llegué a tenerlo todo, incluso la certeza de que no necesito nada. Lamentable hubiese sido morir persiguiendo a la vida. Gracias por tus palabras, que me hicieron escribir estas, que me encuentran ya no cerca, sino dentro de la verdad. Las puertas que antes incesablemente intentaba abrir, ahora las estoy creando. Ya no ceso porque mi cometido tampoco cansa.

Mamá creó la tranquilidad, que la acoge en la eternidad. En cuanto a mi hermana, siempre estuvo bien, solo que ahora confía en ello. Su consciencia se eleva junto con mi admiración hacia ella, no menos que ilimitada desde su origen.

Te comparto mi paz, que se hará infinita cuando la vivas.

Un Ser, parte de la creación

Gracias, Lev Tolstói, por tu carta del 1 de noviembre de 1910.

Tu reacción
podría parecer algo más, pero no
lo cambia todo
porque nada da igual
o por lo menos, nada me da igual
la indiferencia no cuenta en esta suma
de experiencias
de aprendizajes
de sentidos
de intuición y percepción.

La vida que, más que dura, perdura.

No me quiero dejar nada, si puedo entregarlo todo
de la esfera de la trascendencia no me quedo con la materia,
sino con las vueltas que podemos dar.

Seguramente, presa de la seguridad
en la que, aun así, a veces, me siento insegura
los barrotes de oro se me hicieron petróleo en las manos
intoxicada voluntariamente por la ignorancia
la de nadie más
que siendo mía, también es de todos
¿en qué momento cercamos la casa?
¿qué estás pensando?
en esta dualidad, ¿con quién estás pensando?
encerrada, abrí el alma
los pulmones, ya en el aire, se descomprimen
en esta cirugía a corazón abierto
en definitiva, espiritual
se anuncia la llegada
permanecer en la oscuridad hasta renacer
¿estamos cautivos?
¿pero qué nos libera?
¿y desde cuándo estamos acá atados?
¿a qué?
transmutar el planeta
proyecto que por sí solo se derrumba y resurge
¿por qué damos por sentado que el Sol nos ilumina?

¿cómo sabemos si aquello que hace que esté ahí
dejará de estar?
estamos en transición
¿cuál es mi propósito?
quiero volver a ser una gota en el océano
y nacer en cada ola un día más
intuir y percibir
sin titubear
sin oscilar
acá y donde me necesites
eterna confianza
amar en plenitud.

Creía que estábamos yendo hacia adelante
pero al final no sé para dónde estamos yendo
al parecer, estoy regresando en dirección contraria
a donde nunca fui
y, sin embargo, soy
y digo «estoy», pero en realidad «estamos»
estamos juntos en esto
un balcón amplio, luminoso en las horas justas
dos sillas preciosas, las favoritas de la casa
más que por su estética, por su significado
una cómoda mesa pequeña, sobre la que agradezco
estar juntos, incluso más que estar vivos
con un rayito de Sol me alcanza
es tan doloroso cuando quema
pero nunca me olvido de lo hermoso que es
cuando da calor
todos los días, ¿querés desayunar conmigo hoy?

Mala conexión en la videollamada
me desespera
Mamá, ¿me escuchás?
¿estás ahí?
siempre estoy acá
retiro la lágrima antes de que pueda ser capturada
        en la imagen
trago fuerte todo lo que te extraño
el video vuelve, borroso
pero vos siempre tan nítida con tus palabras
hacés que lo cotidiano no pueda ser banal
me brindás tu entrega absoluta
la heredo
se necesita coraje para ser bandera
¡que flamee fuerte!
solo así, la vida cobra sentido.

No se puede atrapar la luz en una jaula

este es el caos exuberante elevado en arte

salpicaduras como planetas

pienso, pienso, pienso

asistencia agotada

atención, tu presente terminó durante esta oración

y ahora vuelve a empezar

en la estación de vapor

las despedidas son temporales

y los reencuentros, también.

Me levanté bien
desayuné
no me acuerdo de nada
doce llamadas perdidas
no una
no dos
doce
a pesar de ser doce llamadas sin puerto, los mensajes
eran con amor
¿cómo puede una persona dedicar más de doce minutos a una acción de la que no obtiene nada, desconociéndolo todo y sin perder la calma en esa transacción?
es que se ha despojado de su cordura primero
para nadar sin bracear
liviano
sin esfuerzo
libre
tu libertad me libera
quisiera que fuera por eso por lo que no me acuerdo
de nada
pero dicen que me pasó algo
dicen qué es ese algo

ellos
todos
no logro interpretarlo
cejas de preocupación
pupilas de angustia
me dicen que el estudio es a las 11:15
me lo dicen muchas veces
dicen que es porque pregunto lo mismo todo el rato
me pregunto si es así
quizás son ellos los que se olvidan de que el estudio
    es a la hora que me dicen que es
quizás yo se lo estoy preguntando para que lo recuerden
dudo que yo me lo esté olvidando
porque no me acuerdo de nada.

Recorte de la realidad
y no por ello ajeno a la verdad
cuatro podadores profesionales dejan caer
        una enorme rama que un viento atrás supo estar viva
creen que podría dañar a los transeúntes
desconocen que los transeúntes ya estamos dañados
los obreros se pasan sus horas de vida gestando un hotel
        para que roce las nubes de la siguiente esquina
y justo enfrente dos ambulancias hacen su reverencia
        delante de un hombre que se despide del reloj
¿estamos actuando con sentido?
¿es este un balance consentido?
me recupero como espectadora de este transcurrir
        expectante por su fragilidad
me preocupo por mi papel
vuelvo a leer el guion.

Y me surge la necesidad imperiosa de escribir
teniendo otras cosas para hacer, sabiendo que esto
        no es lo primero
y, sin embargo, es lo que me nace
y, al final, ¿no es acaso nacer lo primero para existir?
se debe sentir como los impulsos adictivos
la necesidad de consumir o ser consumida, que aparentan
        diferenciarse para terminar siendo una
profundizar y sumergirse debajo de la corriente
sentir que lo que toca la arena es mar, sangre y tinta
soy libre hasta que se me hunden los pies
igual no necesito irme, mientras pueda abrazarte
un papel rugoso se enrolla en mi pecho
el horizonte me roza las pestañas, pero ya no es lo mismo
nos atardece el alma y solo pido que tu sombra
        esté en la orilla
y si no es así, ya no quiero la mía
qué fuerte es la intención
se quiebran mis raíces
me desprendo

me besa una roca
otra
otra
y otra
nos vemos en el Sol.

(Homenaje a Alfonsina Storni)

Estoy viva. Tengo una sola vida. Estoy sola en esta vida. Soy muy consciente de que estoy viva. Extremadamente consciente de que es una sola. Y excesivamente consciente de que estoy sola. Todo junto, en un punto, en esta intersección de tiempo y espacio, aterra, como la tierra cuando la piso y no la siento. Se destruye mi creación. Pierdo el control que nunca tuve, pero que siempre creí tener. Y quiero volver a creer así. Crear de nuevo los segundos de mi modo no-automático. Vivir con significado, aunque solo yo pueda entenderlo.

No puedo permanecer postoposición, llevando un cuerpo vacío y ajeno a lo que siento.

Quiero quedarme con el abrazo como forma de vida y nada más.

No puedo olvidar nada, ni aquello que quisiera que nunca hubiera pasado, pero anoto todo como si no pudiera recordar que nunca olvido.

Tapamos.

Tapamos primero por desconocimiento y después porque pensábamos que era lo correcto.

Tapamos por mandato y también bajo manipulación.

Tapamos con la convicción de que cubrir era proteger.

Tapamos por inercia. Tapamos con naturalidad.

Tapamos con desgano, con hastío, con angustia, con dolor. Y, sin embargo, seguimos tapando.

Tapiamos la salida de emergencia para fingir que no la íbamos a necesitar. ¿O porque sabíamos que íbamos a salir por la puerta grande? No dejamos ir nada, no nos dejamos ir. Solo dejamos que nos tapara, nos tapó y tapamos todo. La curiosidad se preguntó si aún quedaba algo que nos dejara salir con vida. Tapamos con lo que no se puede tapar, la resistencia. Nos paramos en la escollera, respiramos arena. Oleaje, golpe, espuma. Golpe, golpe, golpe. A la cuenta de tres saltamos y con uno nos alcanzó, ya habíamos empezado a contar mucho tiempo atrás. Las escondidas no pueden durar para toda la vida. A veces se aprende a nadar andando, en movimiento. Y descubrimos el encanto de la brisa de la orilla, cuando se decide hacia dónde mirar.

Termómetro, cronómetro, regla
y cuántos instrumentos más
¿qué queremos medir?
¿qué tememos que se nos escape?
nada se va, cuando nosotros somos los que nos movemos
varias dimensiones de realidad yuxtapuestas
nosotros, los instrumentos que las atraviesan,
        no sin antes ser atravesados
por cada una, conjuntamente
por todas, individualmente
y por ninguna, si nos despistamos
atentos
si ya estuviera todo dicho, ¿qué te queda por decir?

Texto libre

La necesidad de ser perfecta
que todo sea perfecto para servir
que todos sean perfectos para servir
¡qué feo «servir»!
¡cuánto peor no servir para nada!
la necesidad de ser perfecta en todo, todo el tiempo
todo, lo inabarcable que tiene que ser abarcado
nuevamente, para servir
para cumplir con las expectativas y pretensiones, para
agradar, para complacer, para ser condescendiente
y los *demases* de la mar en coche
la necesidad de ser perfecta en todo, todo el tiempo,
para servirle al otro
que «el otro» sean todos, si no no sirve
(para servir o para que sirva)
la necesidad de ser perfecta en todo, todo el tiempo,
para servirle a todos, y si no es así, que no sea nada
¡nadá!
nado hasta el fondo y, aunque no lo sé hacer perfecto,
esta vez me sale bien

bien profundo, dolor y sufrimiento
miento si digo que no puedo
puedo morir en paz.

Ya está empezando de nuevo
dolor leve
paracetamol 400 mg y diclofenac potásico 50 mg
no se va
dolor moderado
naproxeno sódico 550 mg
no soporto más el dolor
necesito ergotamina 1 mg, dipirona 400 mg
        y metoclopramida 7,5 mg
sí, todo junto
tienen paracetamol 300 mg, cafeína 100 mg
        y ergotamina tartrato 1 mg
espero que me sirva
paracetamol 600 mg, cafeína 200 mg
        y ergotamina tartrato 2 mg
el dolor persiste
¿y si tengo un tumor cerebral?
no, ya me dijeron que no era eso
taquicardia en reposo
lo leí en el prospecto, en el punto 4
efectos adversos raros: «aceleración o enlentecimiento
        del ritmo de latido del corazón»

«puede afectar hasta a 1 de cada 1000 personas»
hola, soy esa «1 de cada 1000 personas»
dejen de buscar
salí sorteada, ¡qué emoción!
lástima que nadie me preguntó
        si quería participar del sorteo
es increíble lo rápido que llegó el envío
lástima que nadie me preguntó si quería este premio
¿y si me agarra un infarto?
van a tener que editar el prospecto
espero que lo pongan como: «efecto adverso
        extremadamente raro, [en memoria a...]»,
        y mi nombre
la última conversación la tuve con Mamá
bueno, vamos bien
mis últimas palabras fueron: «gracias, Ma»,
        pero no las dije con suficiente sentimiento
estaba demasiado dolorida y molesta como para sentirlas
        desde la profundidad de mi Ser
¿y de qué sirven las palabras si no son sentidas
        con la totalidad del alma?
lo lamento tanto

lamento aún más que tengas que venir a buscar un cuerpo
        que no llegó a decirte «te amo»
dolor nivel 4
dolor nivel 5
paracetamol 300 mg, cafeína 100 mg
        y ergotamina tartrato 1 mg
dolor nivel 5
dolor nivel 6
dolor nivel 7
paracetamol 500 mg
diclofenaco sódico 50 mg
dolor nivel 7
dolor nivel 6
dolor nivel 5
dolor nivel 6
dolor nivel 7
ya es el tercer día consecutivo
por favor, dejame, te lo suplico.

Mimi Graña

Me gusta que tome mis palabras, mis frases
se escuchan diferente entre sus comisuras
su voz es claridad en mis ojos
es increíble y certero cómo lo propio desnudo
        en ropas ajenas cobra en efectivo su máximo sentido
ciertamente similar a una media que,
        cubriendo a su hermana, expone el entretejido
        origen del diseño, del patrón
casi, pero sin llegar a ser por igual, el de las dos
singularidad
la esencia como un manojo de hilos
        para vivir entrelazando poco a todo
la comprensión de todos nuestros rayos
así como de todo lo que existe
y la viceversa indistinguible
nuestro propósito, como el de un átomo
        y el de todos los astros
¿sabemos si somos qué o quiénes?
al menos suponiendo, ¿vos sabés quién sos?

¿Tendrías una casa acá?
asiente con la cabeza sin pensarlo
ya lo tiene pensado
mirá cuántos olivos
silencio
estos creo que son naranjos
pero no me da tiempo a verlos bien
silencio
el Sol
sabernos sabiendo
y nada más.

Me encanta mirarte, así, porque me veo reflejada
        en ese amor abismal
hay una hormiguita en la casa
nuestras vidas pueden cambiar en diez días
o antes
ella no lo sabe
hasta ahora
cuatro pétalos no hacen una flor
pero cuánta evolución cabe en un cambio.

A veces, cuando se da la situación, sucede
y miro mis manos tecleando la virtualidad
        y me pregunto: ¿qué es todo esto?
me urge mi cuaderno
el tacto de las letras
la curvatura de mi cursiva arraigada a mis inicios del Ser
plasmada en papel soy más yo que este cuerpo
y extraño mi libertad entre líneas
los límites cuya invisible presencia tranquiliza.

Tengo una infinita hambre de gloria
y floto en este éxito autoconcebido
¡qué placer existir!
torre predominante
el horizonte se pliega hacia atrás y me abre paso
el permiso me es concedido sin previa solicitud
el jardín está sembrado
no lo duda ninguna flor.

Sin luz
no imagines nada
nada de nada
bloquea esa mente
que no te está haciendo bien
tengo ganas de llorar
y de que me abraces
¿es todo tan simple que no me doy cuenta?
¿cuánto tiempo se espera al alivio?

Siente en silencio
todo, incluso el fuego, surge y desaparece
vive el silencio
atravesando el constante cambio
la impermanencia
solo nada
sé nada.

Y me volví a morir, pero esta vez sin vos
entonces ya no me volviste a ver
no como soy ahora
pero me diste forma
tu forma de amar tan sana que conmueve
y me morí solo acompañada por el silencio que yo misma
        gestaba para creer, por lo menos
        en algún instante, que éramos dos
mi mundo
ahora no pertenezco a ninguno,
        pero interactúo con todos,
        dentro del universo de dolor
        que me quiebra al saber que en ninguno estás vos
¿a dónde subiste?
¿cómo puedo llegar a donde desconozco?
quiero reconocer mi próxima vida en tus ojos
y que me prometas que vas a estar
        hasta que cierre los míos.

Las voy a extrañar
no sé qué voy a hacer
ya no voy a salir de mi habitación y verlas
ya no me van a abrazar
las voy a extrañar tanto
esto no es ficción, es tiempo de vida
tengo mucho miedo
no sé cuándo hago lo correcto
¿dónde debo estar?
coraje, flexibilidad, apertura
lo más cercano a acertar es hacer lo que uno siente.

La partida

Todos mis colores se destiñen, pero el brillo no se desvanece porque mis lágrimas te pertenecen, diamante, suave soporte que solo busca verme flotar en su reflejo

¿es este tono de humedad el que va a perdurar en el tiempo por todo lo que no nos dijimos?

armar partes con estos retazos

me ayuda a transitar mi grandísima soledad y tapa el inmenso dolor de algo que no fue, pero que yo sé que será porque así lo deseo

en cada recuerdo veo el reflejo de tu alma, que se despega de la mía, pero no se sueltan porque saben que tienen una historia que contar que trasciende cualquier posible evento en incontables vidas

sos esa estación

pero ya no esta.

Al Ecuador de mi alma

Te quiero contar que a veces pienso que nada
        tiene mucho sentido si no estás acá conmigo
ir juntos sin perder nuestra identidad
y no somos esta discusión
manifiesto mantra para hacer las paces
el que quiere cambiar al otro es el que está fuera de lugar
escribir «te amo» cuando te vi recién,
        cuando te lo dije recién
subyace la dedicatoria
mi transformación entrelazada
con el deseo de impulsarte en cada siguiente paso
admiro esta tonalidad evolutiva
mezcla tuya y mía
como los árboles que con extraordinaria naturalidad
        extienden sus vigorosas raíces en torno
        a gigantescas piedras
y se abrazan entre ellos celebrando la excepcionalidad
somos aire libre
y quiero que la espuma que se desliza por la ventana
        sea siempre de nuestro mar.

A mis estimados estímulos

Todo aeropuerto y cada abrazo

la mismísima canela, en algún café

unas cuantas obras de cualquier potencial museo
sus textos, que crean más allá de la coexistente creación

el libro de ahora
la canción más hermosa del mundo

cada despedida, como ventana de historia
soy una golondrina restaurada por todas ellas

mochila plasmando al cosmos
sin casa
valijas fucsias
cajas para todo
pero la angustia, sin hogar

Gala, con el parque en sus zapatos
mi gran Gala

discuten las chicas jóvenes, más las borrachas
el grito grave de «estafador»
los miles de anécdotas sincrónicas de todos los vagones
        de cada tren que me tuvo ahí

la chica que se sienta de espaldas siempre
        en el mismo lugar
ya conozco sus ojos celeste mascarilla
¿sentís que estás yendo para tu casa?

una a una y simultáneas, las gotas que caen sobre el charco
suspensión, fusión y expansión
cada detalle brillante en el contacto

con el mismo retumbe del cuenco tibetano
su eco adentro de las paredes

una ley de cuerdas, que no atan a los cuerdos
        que nos queremos más locos que libres

vibrando en armónica entropía luminosa

la atracción del equilibrio

todo el dolor entregado al fuego
mi mar, de bálsamo

la tapa que cae, gira y da vueltas hasta quedarse quieta
su templanza en la mía

mis más sentidos y estimados estímulos están acá
ciclando entre las mayores profundidades de las afueras
        de mis inherentes internos
yo no sé dónde voy a terminar.

No quiero comer más plomo
cuando la saliva se me espesa, ya sé que algo anda mal.

Una paloma no puede quitarte la paz
ni aunque sea una plaga.

Yo sí sé dónde quedaron mis preciosas pecas
en las inmensas ganas de atravesar el cristal.

Dejen salir.

Ser el alivio,
ser algún cielo.

Un ciclo y un paso

Esta vez, la más reciente hasta ahora, nací en un quirófano
al que nunca regresé, pero al que me gustaría
tomarle una foto
la mental no la encuentro
una de papel mate, a color, me vendría muy bien
en un mundo que todavía no logro comprender
en su profundidad ni en su superficie
todo me resulta familiarmente extraño
y, a veces, me concentro en pescar la mitad de una miga
en la arena para no sentirme tan perdida
al final, es cuando me escapo, que me pierdo
huyo, quedándome quieta
y, aunque no pierda nada, gano poco reteniendo
goteo, ahogada, lo que solo drena
pura esencia, se encuentra elevada
despierto por fuera del medio del horizonte
de un bosque sin ningún árbol en particular.

Hasta siempre,

Lucía Trinidad Rey Álvarez

Índice

Agradezco mis cimientos 11
Prólogo 13

Hace días que vengo mirando a la gente 15
No sé bien a dónde pertenezco 17
Vos en nosotras 20
Una decisión 22
Acontecimiento fugaz 23
Subibaja 24
Agua 25
Y el tiempo me mueve 26
El vacío de tiempo 27
Lo pienso todos los días 28
Estoy acá 29
No sé existir sin un otro 30
Abrir la puerta 31
Me levanto de la cama 32
La primera vez que me morí 34
Cuando me siento vulnerable 35
Descargo 37
Poetrain 38
Los días pasan lentos, distantes de mi existir 40
Quiero embeberme en creatividad 41
Desintoxicarme de este sórdido dolor 42
Las cajas ya vacías 43

Lista de cosas a ordenar 44
Me desahogo sin ser consciente 46
Vida 47
Estoy duelándome a mí misma 48
Mi primera estrella escrita 49
Macarena 51
Aguja 53
Viento portátil 54
Vuelvo con vergüenza 55
Un trapo sucio 56
Gracias a Dios 57
He atravesado el espejo 58
Camino segura 59
Me quedo quieta 60
Me desdoblo para desconocerme 61
¿Qué es un insecto? 62
No sabés si es fresco o si quema 64
Silencio 65
Solo un pie frío 66
Son las 18:43 68
Antes agitaba la lapicera 69
Estoy en mi abundancia 70
No era la mejor por su sabor 72
Las voces alzadas 73
Contar de nuevo 75
Tu confianza significa la paz 76
Me estoy viendo borrosa 77
Grito 78

Canto que el tren se va 80
Bajo las escaleras del metro 81
Una gota de café 82
¿Sufre aquel que se muere en la cresta de la ola? 83
Pau Claris 84
Carcajadas sin sentido 85
Lucila 86
I 88
II 89
Tomate 90
Libertad 91
Pido perdón 93
Lo más curioso es que mis fotos típicas no son mías 94
¿Todo muy normal? 95
Corro tan rápido como puedo 97
La materia azul 98
Nate 100
Lo que vos quieras 102
La gente me mira muy fuerte 104
Corro para alcanzar un tren 105
Soy dos 106
Es Navidad 107
El cronómetro marca el tiempo 109
Querido padre 110
Tu reacción 112
Seguramente, presa de la seguridad 113
Creía que estábamos yendo hacia adelante 115
Mala conexión en la videollamada 116

No se puede atrapar la luz en una jaula 117
Me levanté bien 118
Recorte de la realidad 120
Y me surge la necesidad imperiosa de escribir 121
Estoy viva. 123
No puedo permanecer postoposición 124
Tapamos 125
Termómetro, cronómetro, regla 126
Texto libre 127
Mimi Graña 129
Me gusta que tome mis palabras 132
¿Tendrías una casa acá? 133
Me encanta mirarte 134
A veces, cuando se da la situación, sucede 135
Tengo una infinita hambre de gloria 136
Sin luz 137
Y me volví a morir, pero esta vez sin vos 138
La partida 139
Todos mis colores se destiñen 140
Al Ecuador de mi alma 141
A mis estimados estímulos 142
No quiero comer más plomo 145
Un ciclo y un paso 146

Este libro se terminó de editar en Granada
en agosto de 2024 por

www.aliarediciones.es

info@aliarediciones.es